MW01177963

En pyjama

Andrée-Anne Gratton

Illustrations : Fil et Julie

Directrice de collection : Denise Gaouette

MINI
Rat de bibliothèque

Éditrice
Johanne Tremblay

Réviseure linguistique
Nicole Côté

Directrice artistique
Hélène Cousineau

Couverture
Isabel Lafleur

**Conception graphique
et édition électronique**
Isabel Lafleur

Dépôt légal – Bibliothèque et Archives nationales du Québec, 2007
Dépôt légal – Bibliothèque et Archives Canada, 2007

Imprimé au Canada   1234567890 EMP 0987
                           10971 ABCD   PSM16

Catalogage avant publication de Bibliothèque et Archives Canada

Gratton, Andrée-Anne
    En pyjama
    (MINI Rat de bibliothèque ; 6)
    Pour enfants de 4 à 6 ans.

    ISBN 978-2-7613-2271-3

    I. Fil, 1974-   . II. Julie, 1975-   . III. Titre.
    III. Collection : MINI Rat de bibliothèque (Saint-Laurent, Québec).

PS8563.R379E52 2007   jC843'.6   C2006-941888-8
PS9563.R379E52 2007

Sara dit à Léa :
— Viens-tu dormir chez moi ?

Léa prépare son sac.

Papa cherche un pyjama.

Papa trouve un pyjama <u>gris</u>.

Léa dit :
— Non ! Sara a peur des souris.

Papa trouve un pyjama <u>bleu</u>.

Léa dit :
— Non ! Ce pyjama est trop vieux.

Papa trouve un pyjama <u>violet</u>.

Léa dit :
— Non ! Sara a peur des perroquets.

Papa trouve un pyjama <u>blanc</u>.

Léa dit :
— Non ! Ce pyjama est trop grand.

Léa trouve son pyjama <u>vert</u>.

Léa arrive chez Sara.

Sara dit à Léa :
— Aimes-tu mon pyjama ?